CB039255

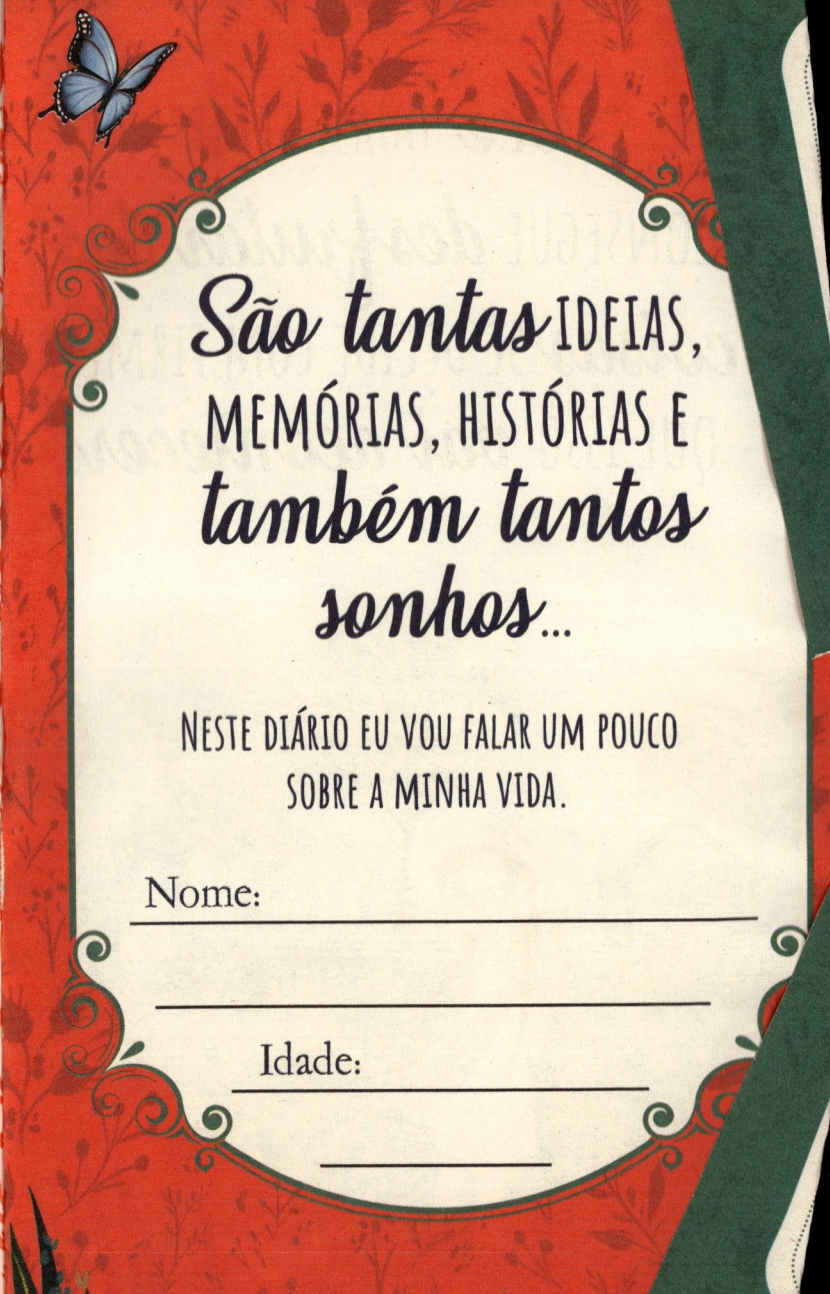

São tantas IDEIAS, MEMÓRIAS, HISTÓRIAS e também tantos sonhos...

Neste diário eu vou falar um pouco sobre a minha vida.

Nome: _____

_____

Idade: _____

_____

Eu acredito que coisas boas acontecerão:

🍁 _____
_____
_____
_____

🍁 _____
_____
_____
_____

Grandes desejos:

_____
_____
_____
_____

Grandes palavras são necessárias para expressar grandes ideias. Estas são grandes ideias que admiro e o motivo pelo qual elas chamam a minha atenção:

_____
_____
_____
_____
_____
_____
_____

_____
_____
_____
_____
_____
_____
_____

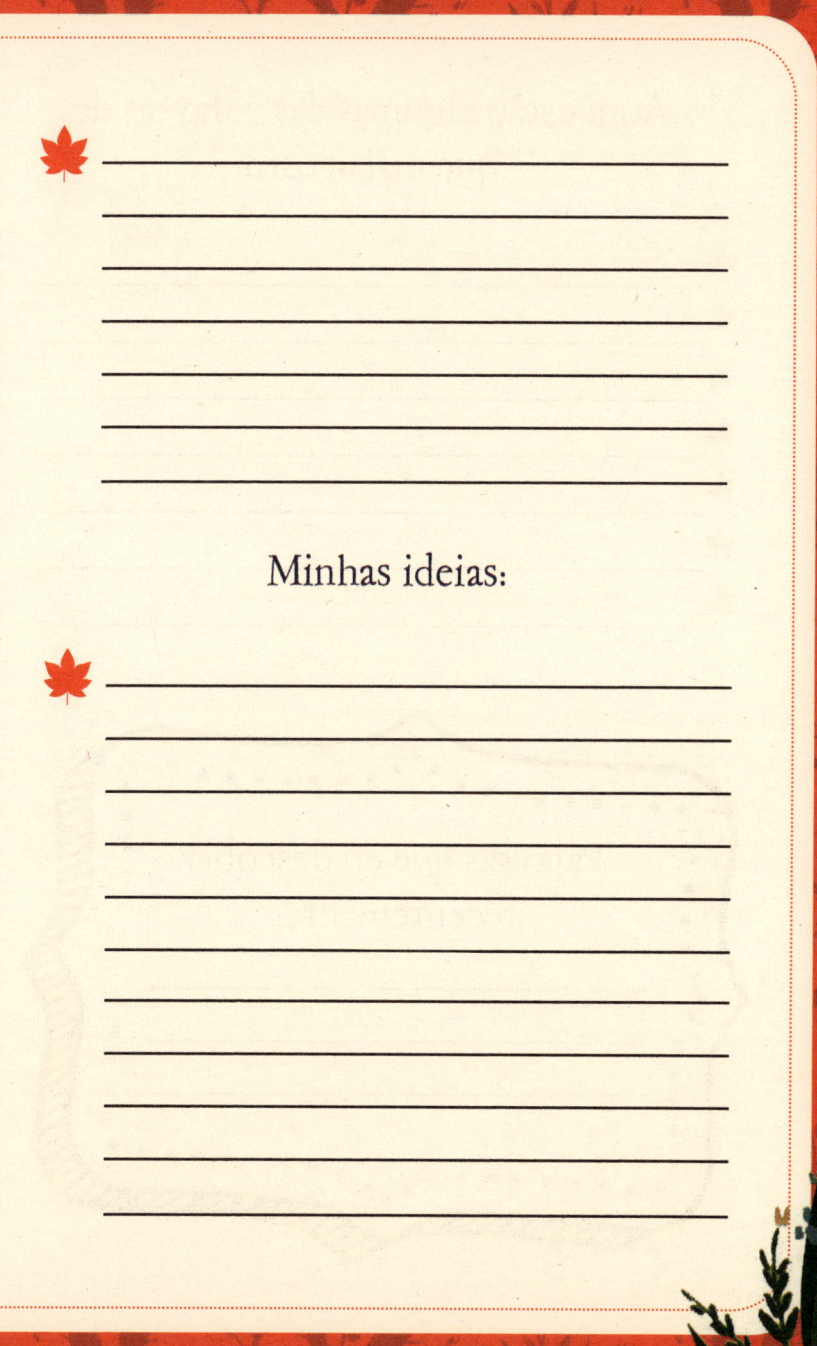

_____

_____

_____

_____

_____

_____

_____

Minhas ideias:

_____

_____

_____

_____

_____

_____

_____

_____

_____

_____

_____

_____

Aqui estão algumas das palavras de que mais gosto.

* _____
* _____
* _____
* _____
* _____
* _____
* _____

Palavras que eu descobri recentemente:

_____

_____

_____

"Tem algo DE ESPLÊNDIDO COM RELAÇÃO A **algumas palavras**. 'INFINITO, ETERNO E IMUTÁVEL.' NÃO É **grandioso**?"

"*Parece que* FOI TIRADA DAS PÁGINAS DE *um livro* DE CONTOS, OU DE *um sonho*."

Frases de livros que levo comigo e que têm um significado especial para mim:

🍁 _____
_____
_____
_____

🍁 _____
_____
_____
_____

🍁 _____
_____
_____
_____

🍁 _____
_____
_____
_____

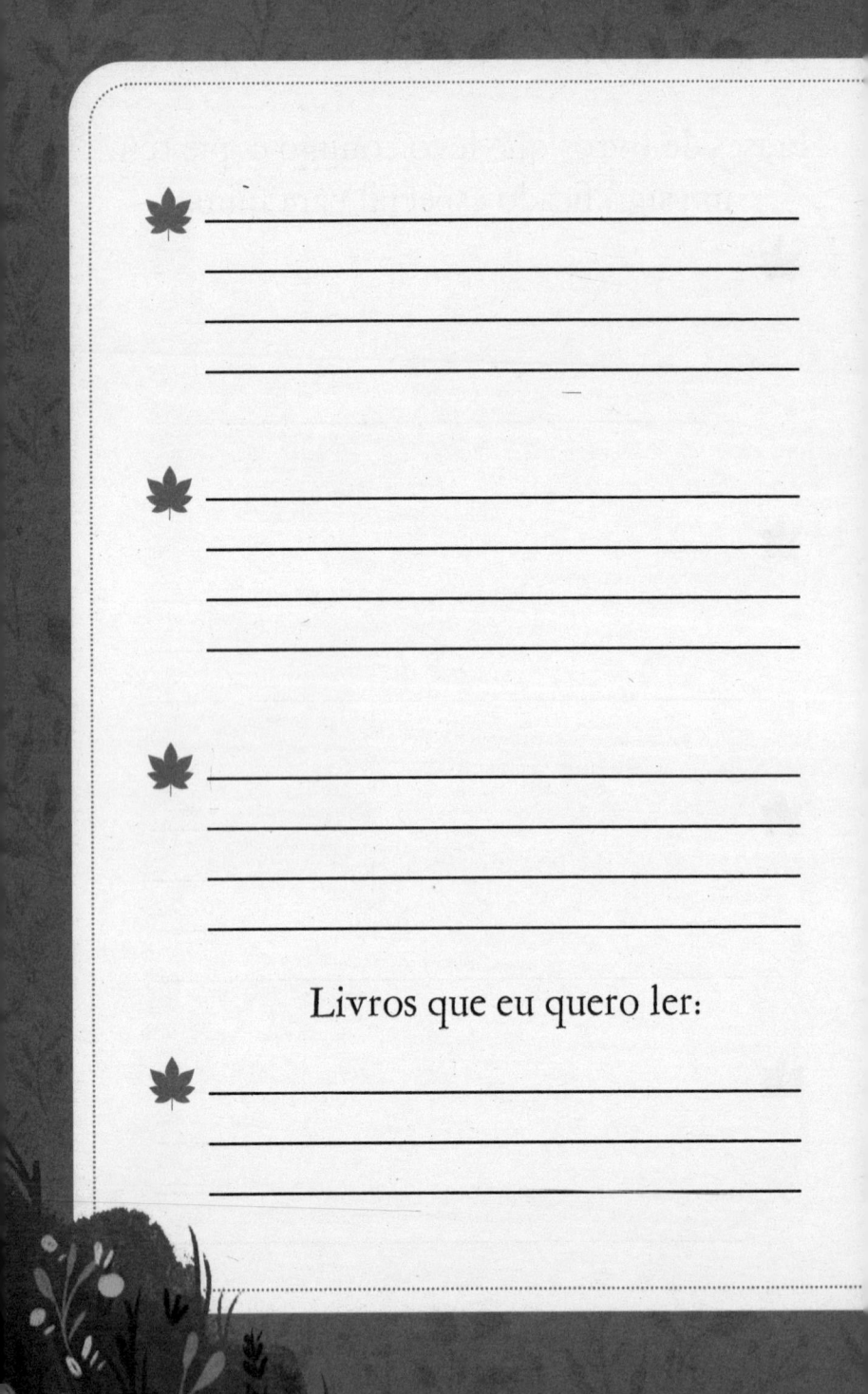

Livros que eu quero ler:

Meus gêneros literários favoritos:

_____

_____

_____

_____

Gêneros literários que tenho vontade de conhecer:

_____

_____

_____

Divirto-me sonhando...

🍁 _____

_____

_____

_____

_____

_____

_____

_____

Meu sonho mais engraçado e diferente:

_____

_____

_____

"*Você pode* ATÉ NÃO *conseguir* ESSAS COISAS, MAS NADA PODE LHE *impedir* DE TER A *diversão de ansiar* POR ELAS."

"**Todas as** COISAS GRANDES ESTÃO **conectadas** ÀS COISAS **pequenas**."

Meus pequenos gestos que levam a algo grandioso:

🍁 _____

_____

_____

_____

_____

🍁 _____

_____

_____

_____

_____

🍁 _____

_____

_____

_____

_____

Minhas descobertas sobre o mundo:

* _____

* _____

* _____

* _____

* _____

* _____

* _____

* _____

* _____

Minha descoberta de mundo mais incrível:

_____

_____

_____

_____

O que eu gostaria de ter descoberto:

_____

_____

_____

Cole aqui uma foto de
seus amigos

"*Quando temos* AMIGOS, O CÁLICE DA *felicidade* SE TORNA *completo*."

Momentos felizes com meus amigos:

"*Um elogio* É UMA DOCE *palavra* QUE PODE ACALENTAR UM *coração* E ENCHÊ-LO DE *felicidade*."

Características que admiro nas pessoas ao meu redor:

* _____
* _____
* _____
* _____
* _____
* _____
* _____

Pessoas que me inspiram:

_____
_____
_____
_____

Como me vejo no futuro:

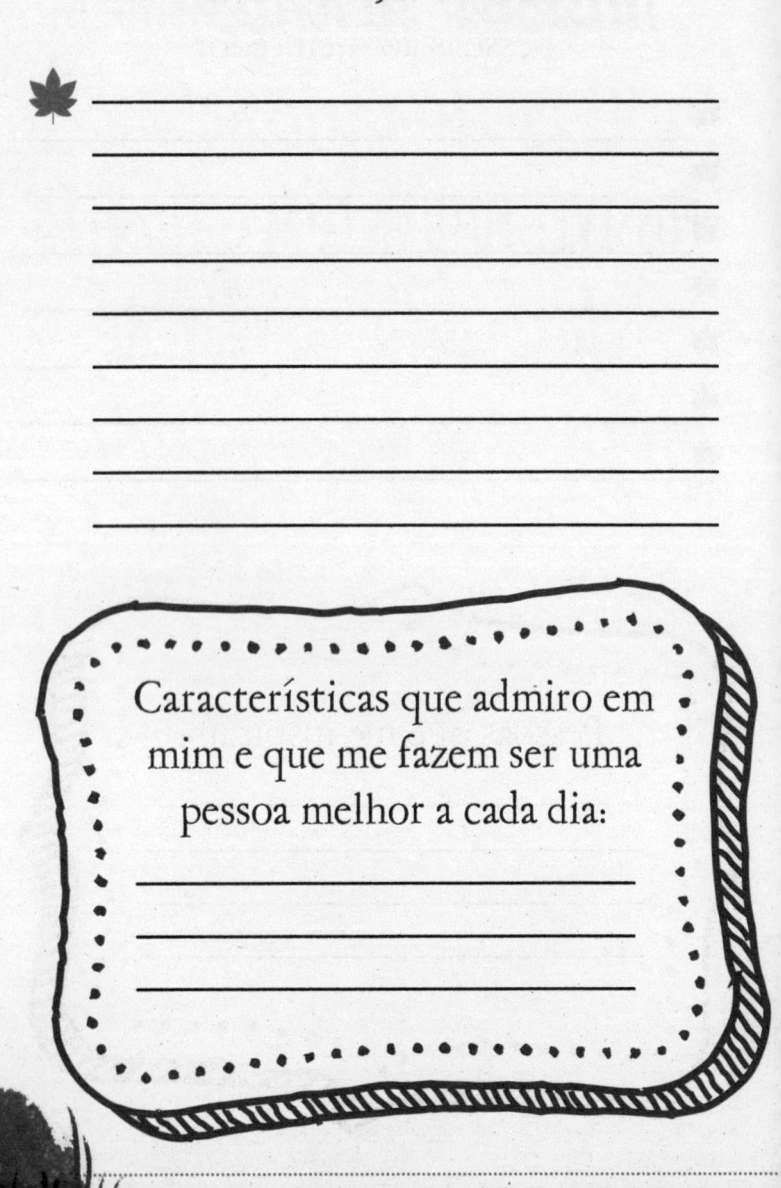

Características que admiro em mim e que me fazem ser uma pessoa melhor a cada dia:

"*Nossos sonhos* PODEM SER *costurados* DE UM POSSÍVEL FUTURO COM O *tecido dourado* DO PRÓPRIO OTIMISMO DA *juventude*."

"**Não dá** para ficar triste por **muito tempo** com um mundo tão **interessante** quanto este, **não é?**"

O que vejo de interessante no mundo hoje:

❧ _____
_____
_____
_____
_____
_____
_____

Pensamentos e lembranças que me deixam feliz nos dias ruins:

❧ _____
_____
_____
_____
_____
_____
_____

Coisas surpreendentes que aconteceram comigo:

🍁 _____
🍁 _____
🍁 _____
🍁 _____
🍁 _____
🍁 _____
🍁 _____

O mundo também me surpreendeu:

🍁 _____
🍁 _____
🍁 _____
🍁 _____
🍁 _____
🍁 _____
🍁 _____
🍁 _____

"**Simplesmente** DEIXEI MEUS PENSAMENTOS **correrem** SOLTOS, E **pensei** NAS COISAS MAIS **surpreendentes** QUE HÁ."

"A *adversidade* PODE SER UMA *bênção*."

Meus momentos de adversidade:

🍁 _____
_____
_____
_____
_____
_____
_____
_____
_____

O que eles me ensinaram:

🍁 _____
_____
_____
_____
_____
_____
_____
_____
_____
_____

Aventuras e descobertas em casa:

* _____
* _____
* _____
* _____
* _____
* _____
* _____

Cole aqui uma foto daquele
cantinho especial de sua casa

"Nenhum lugar

NO MUNDO É MELHOR DO

QUE O *nosso lar*."

"*Não há música* MAIS DOCE NA **Terra** DO QUE AQUELA QUE O *vento* FAZ QUANDO PASSA ENTRE OS ABETOS NO FIM DA *tarde*."

Trilha sonora da minha vida:

- _____
- _____
- _____
- _____
- _____
- _____
- _____
- _____

Playlist Anne

Use o CELULAR para ler
o QR CODE e ouça a playlist
que preparamos para você!

DICA: ouça durante a leitura
dos livros da coleção *Anne*.

Pessoas que eu admiro e os motivos que me fazem ter esse sentimento:

* _____
_____
* _____
_____
* _____
_____
* _____
_____
* _____
_____
* _____
_____
* _____
_____
* _____
_____
* _____

"*Aprendemos* A GOSTAR DE *uma pessoa* QUANDO COMEÇAMOS A *entendê-la*."

"**O que importa** NÃO É O QUE O **mundo** RESERVA PARA VOCÊ, MAS **o que você traz** PARA O MUNDO."

O que eu desejo trazer de bom para o mundo:

_____
_____
_____
_____
_____
_____
_____

Eu espero um mundo melhor quando:

_____
_____
_____
_____
_____
_____
_____

Minhas descobertas e aventuras com a

Anne

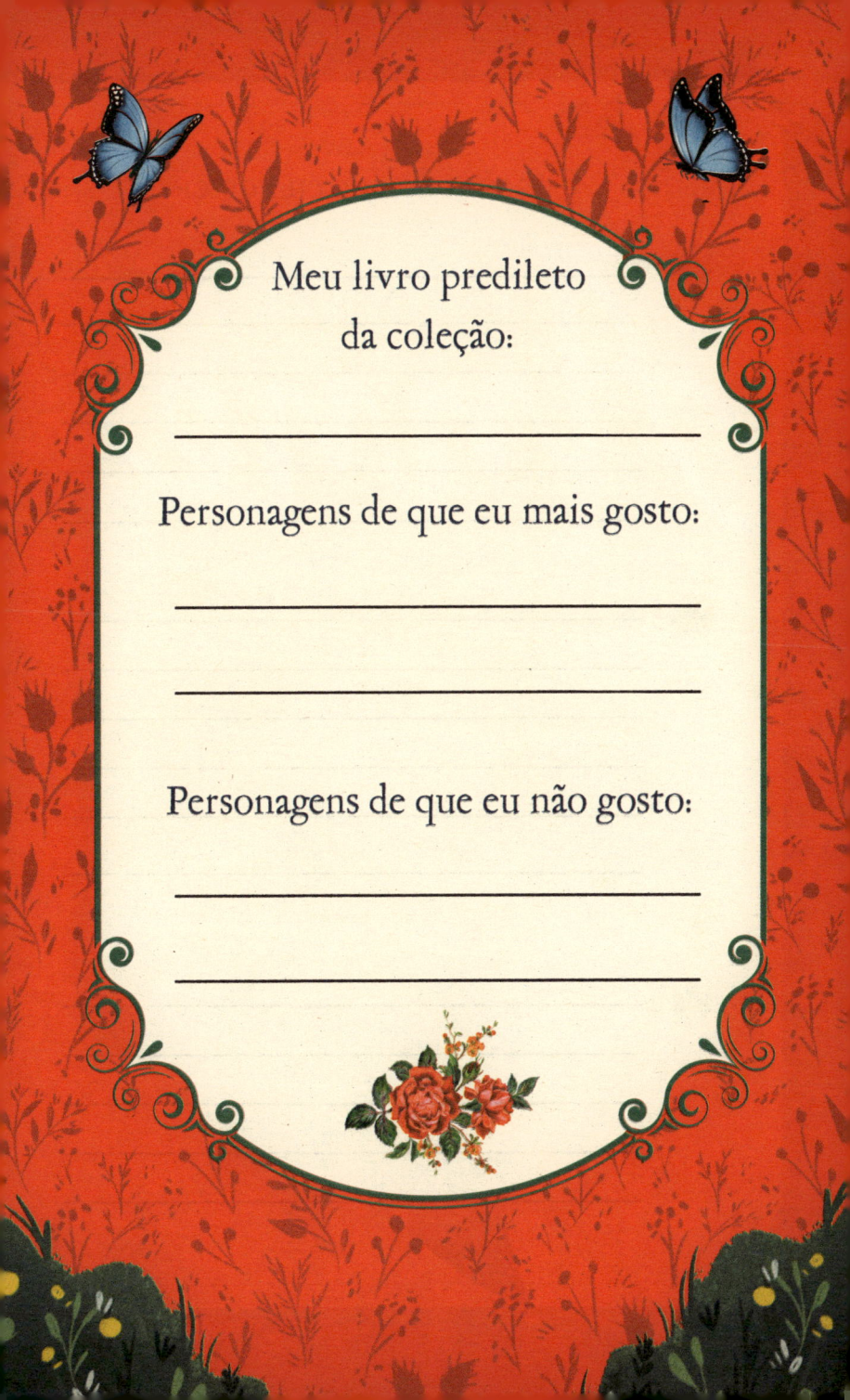

Meu livro predileto da coleção:

_____

Personagens de que eu mais gosto:

_____

_____

Personagens de que eu não gosto:

_____

_____

Citações de que eu gostei:

O que eu aprendi com a Anne:

Características que temos em comum:

🍁 _____
_____
_____
_____
_____
_____
_____
_____
_____
_____

🍁 _____
_____
_____
_____
_____
_____
_____
_____
_____
_____

Depois de refletir um pouco sobre os meus gostos, sobre quem eu sou, do que gosto e o que admiro, deixo aqui uma carta para o meu *Eu* do futuro.

_____

_____

_____

_____

_____

_____

_____

_____

_____

_____

_____

_____

Daqui a alguns anos, eu retorno
ao diário para revisitar a
minha carta e meu *Eu* do
passado. Até mais!

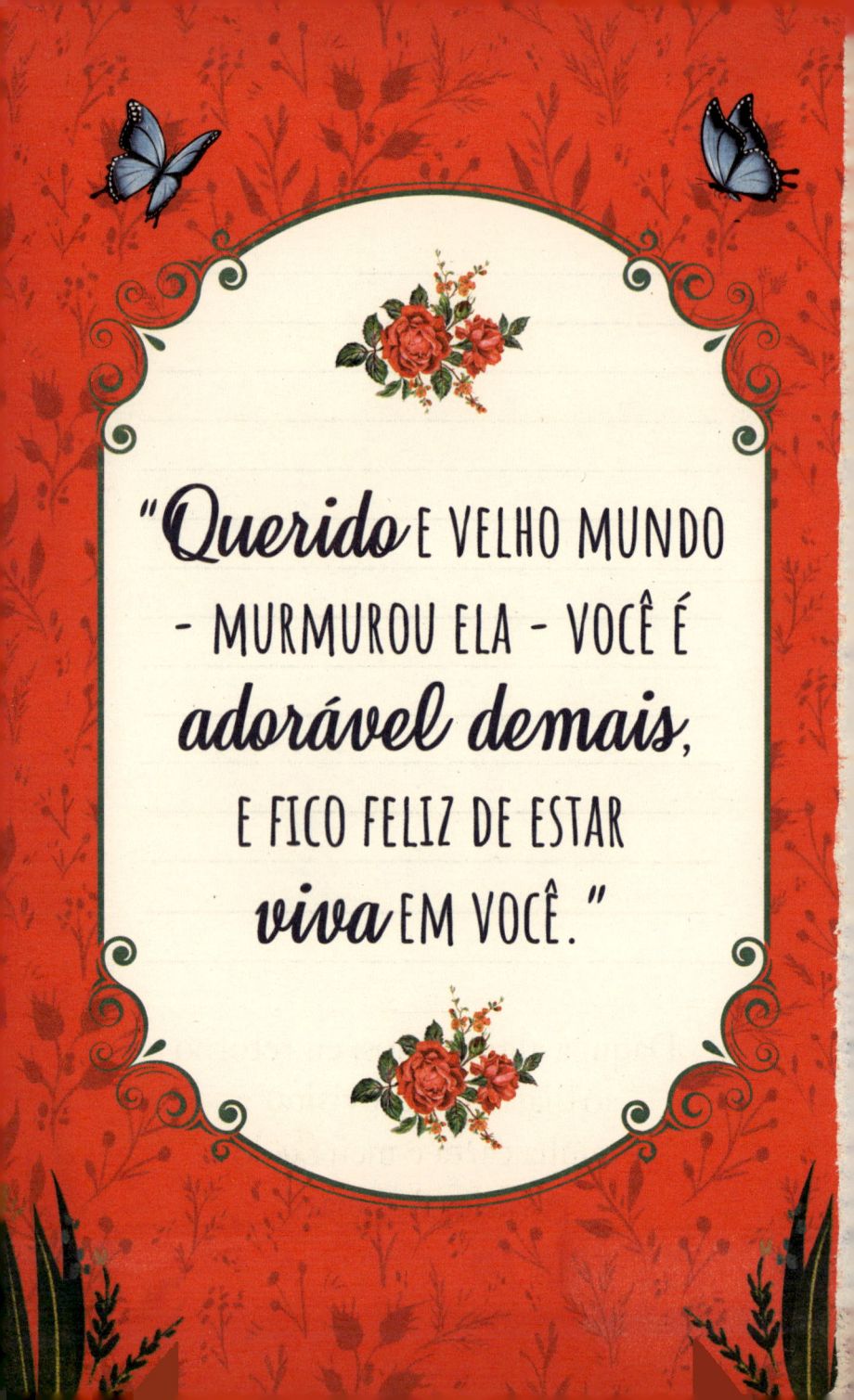

"*Querido* E VELHO MUNDO

– MURMUROU ELA – VOCÊ É

adorável demais,

E FICO FELIZ DE ESTAR

viva EM VOCÊ."